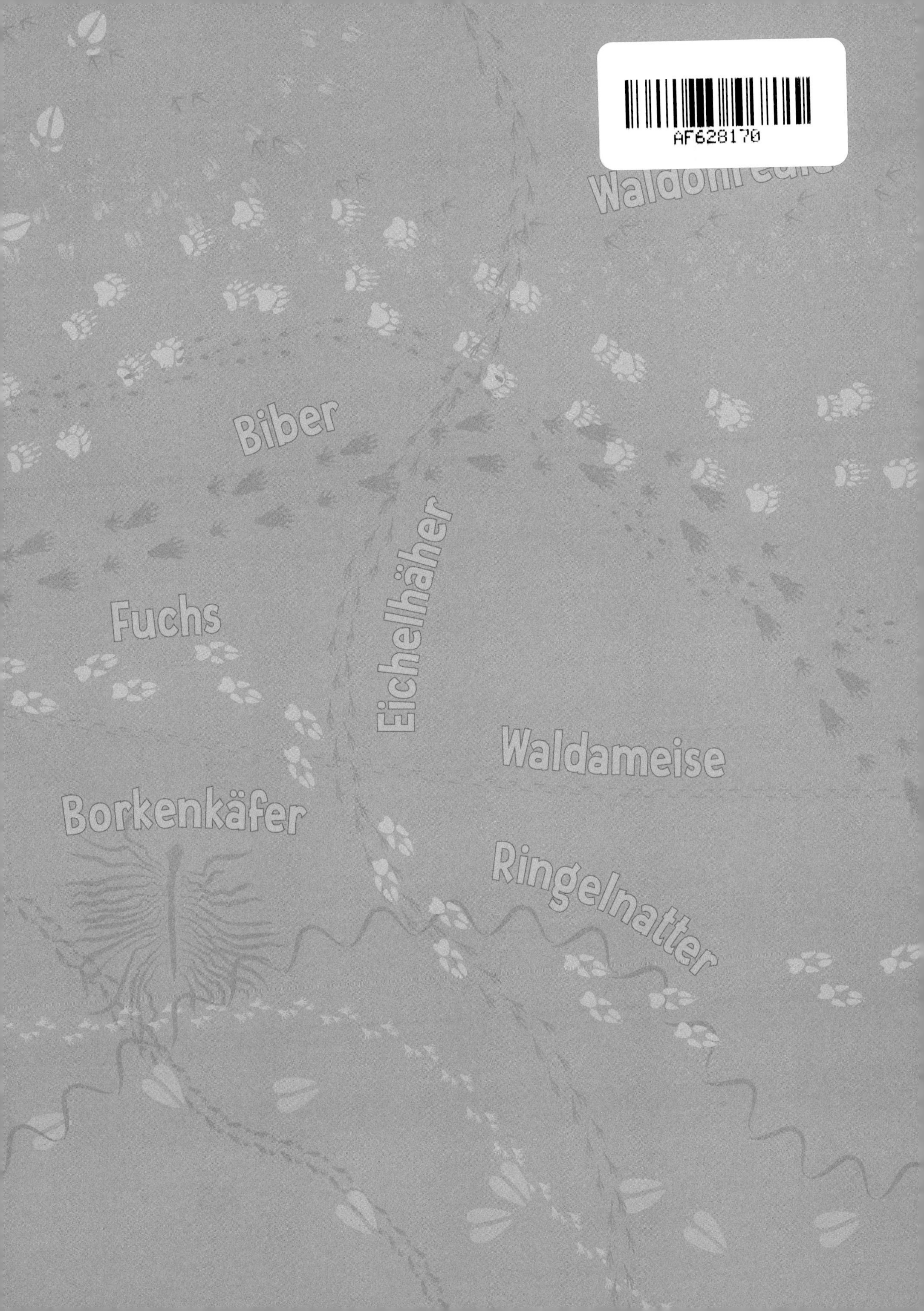
Biber
Eichelhäher
Fuchs
Waldameise
Borkenkäfer
Ringelnatter

Für Martha, Frieda und Louisa

Ein besonderer Dank geht an meine Ehefrau Monika, an Edeltraud Asal-Menhard sowie Marion und Johannes Reiner für ihren persönlichen Einsatz an dem Projekt.

Roland Bock

Roland Bock

Jetzt verstehe ich die Tiere des Waldes

Heimischen Waldtieren auf der Spur

Mit Rehbock Paule und Siebenschläfer Pepe – illustriert von Johannes Reiner

arsEdition

Die Tierkarten

Diese Tierkarten zum Heraustrennen findest du hinten im Buch in einer Tasche. Geh mit ihnen in die Natur und schau, ob du »deine« Tiere oder Spuren von ihnen finden kannst.

16 heimische Waldtiere, ein Tierquiz und mehr ...

»Jetzt verstehen wir die Tiere des Waldes!«

Zusammen mit unserem Freund Roland, dem Tierexperten, stellen wir dir 16 heimische Waldtiere vor. Mit mir, Paule, und meinen Artgenossen geht's los und mit meinem Freund Pepe, also den Siebenschläfern, hört das Buch auf.

Dazwischen findest du 14 Freunde und Freundinnen von uns, die auch im Wald leben. Aber der Wald hat noch viel mehr Bewohner und Bewohnerinnen. Menschen können davon vor allem die Pflanzen sehen, z. B. die großen Bäume, und natürlich die Tiere!

Wir können dir in diesem Buch nicht alle Tiere vorstellen, aber wenn du es gelesen und die Bilder angesehen hast, kannst du mit Sicherheit sagen:

»Jetzt verstehe ich 16 Tiere des Waldes!«

Du findest auf jeder Tier-Doppelseite einen der folgenden Stempel. Das entsprechende Tier ist:

- **nicht geschützt**
- **sein Bestand ist nicht bedroht**
- **es darf bejagt werden**

- **geschützt**
- **sein Bestand ist leicht bedroht**
- **es wird nicht bejagt**

Viele Menschen denken bei den einheimischen Waldtieren zuerst an Säugetiere, wie das Reh oder den Fuchs. Aber auch Vögel, Amphibien oder Insekten haben ihren Lebensraum im Wald.

Wenn du in den Wald gehst, wirst du diese Tiere nur selten in ihrem natürlichen Lebensraum beobachten können. Viele sind nachtaktiv und das Ruhebedürfnis aller Tierarten sollte der Mensch immer akzeptieren.
Du kannst aber ihre Spuren im Sand oder Schnee, ihre Wohnungen, ihre Federn oder ihre Fraßspuren entdecken. Roland zeigt dir, auf was du achten kannst, um die heimischen Waldtiere zu entdecken.

Im Buch lernst du auch zwei Tierarten kennen, die der Mensch durch den Straßenverkehr oder Maschineneinsatz bedroht. Hier kannst du als Tierretter oder -retterin tätig werden.

Natürlich können Rolands Dackelhündinnen Gaia und Diva durch ihren perfekten Geruchssinn noch viel mehr Spuren am Boden erschnüffeln oder den Geruch von Tieren schon von Weitem wahrnehmen. Da sie nicht sprechen können, wackeln sie mit dem Schwanz und zeigen so an, dass ein Tier in der Nähe ist.

Denn eigentlich ist es ganz einfach, die Tiere des Waldes zu verstehen.

Komm, wir zeigen sie dir!

Das Sonnen- und Mondsymbol zeigt dir, ob ein Tier nacht- oder tagaktiv ist – oder vielleicht auch beides.

- **besonders geschützt**
- **sein Bestand ist stärker bedroht**
- **es wird nicht bejagt**

- **streng geschützt**
- **sein Bestand ist sehr stark bedroht**
- **es wird nicht bejagt**

Das Reh

NICHT GESCHÜTZT

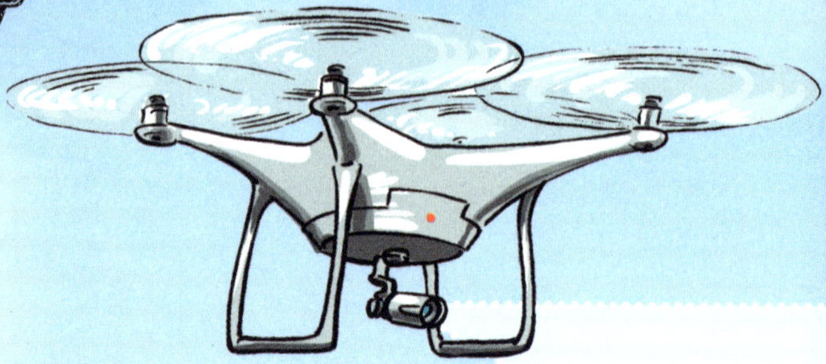

Bock auf neues Fell

Wie sehen die Rehe jedes Jahr an Weihnachten aus? Zu dieser Zeit tragen alle Rehe ihr graues Winterfell – so schützen sie sich vor den kalten Temperaturen. Ab März/April beginnen die langen, grauen Haare auszufallen (siehe Bild links). Spätestens im Mai oder Juni hat jedes Reh wieder sein leuchtend rotes Sommerfell.

Ich sehe was, ...

... was du nicht siehst, und das ist ein Rehbock! Aber wie sieht der Rehbock im Winter aus? Alle Rehböcke verlieren ihr Gehörn, beide Stangen fallen jedes Jahr ab. Schon im Januar und Februar wächst der neue Kopfschmuck nach, den der Rehbock stolz bis zum nächsten Winter trägt.

Hier siehst du: Maja, Nayla, Martha, Frieda, Moni mit Kitz, Levi und Elias. Alle sind Kitzretter und -retterinnen! Wenn du auch dabei sein willst, frage beim örtlichen Jäger nach, ob du bei der Kitzsuche helfen kannst.

Wenn es am Morgen noch kühl ist, können Kitzretter und -retterinnen mit Wärmebilddrohnen die kleinen Kitze aus der Luft in der Wiese entdecken.

Kitzrettung

Bevor der Landwirt im Mai seine Wiese mäht, müssen die Kitzretterinnen und -retter nach Rehkitzen suchen, die sich im hohen Gras verstecken. Am kühlen Morgen fliegt ein Pilot mit einer Drohne über die Wiese. Ein weißer Punkt erscheint auf dem Bildschirm der Fernsteuerung: Da liegt ein Kitz! Ein Helfer oder eine Helferin trägt das Kitz mit Handschuhen und Grasbüscheln aus der Wiese und legt es in eine Kiste, bis das Feld gemäht ist.

Eiruhe

Die Paarungszeit der Rehe ist Ende Juli/ Anfang August. Eigentlich würden die Kitze dann mitten im Winter zur Welt kommen. Die Natur hilft sich mit einem genialen Trick: Die befruchtete Eizelle beginnt nämlich erst zu wachsen, wenn die Tage wieder länger werden (nach dem 21. Dezember). So kommen die Kitze mitten im Frühling auf die Welt, wenn es für die Geiß und ihren Nachwuchs genügend frische Nahrung gibt.

Tierquiz

Für das **Reh** merken wir uns das Wort:

Wiese

NICHT GESCHÜTZT

Das Wildschwein

Es kann bis zu 200 kg schwer werden, das entspricht 2000 Tafeln Schokolade!

Wildschweine sind **sauschnell!** 50 km/h sind für sie kein großes Problem. Mit ihren Ohren hören sie jedes noch so leise Geräusch. Gerüche nehmen sie schon aus großer Entfernung wahr und ziehen sich bei Gefahr in den Wald zurück.

Eine Aufgabe wird »Herkulesaufgabe« genannt, wenn sie besonders schwer zu lösen ist. Herkules, der antike griechische Superheld, bewältigte zwölf davon.

Der Sage nach war seine vierte Aufgabe, einen wilden Keiler zu fangen. Dieser verwüstete viel Land und versetzte die Menschen in Angst und Schrecken. Herkules fing ihn ein und brachte das Tier seinem Auftraggeber König Eurystheus, der sich vor Angst in einem Fass verkrochen hatte.

Unseren Papa nennt man **Keiler, ...**

... unsere Mama **Bache ...**

... und wir sind die **Frischlinge!**

Keiler keilen kräftig aus, wenn sie im Winter um die Bachen kämpfen. Den Rest des Jahres sind sie allein unterwegs. Keiler werden bis zu 200 kg schwer und haben vier messerscharfe Eckzähne.

Wir **Frischlinge** sind erst frisch auf der Welt. Im Kessel (Nest) wärmen wir uns gegenseitig. Durch die Streifen sind wir gut getarnt. Jeder von uns hat seine eigene Milchzitze bei der Mama.

Bachen bauen aus Zweigen und Laub warme Nester für die Frischlinge. Oft sind mehrere Bachen mit ihren Frischlingen zur Nahrungssuche unterwegs. Diese Gruppen nennt man Rotten.

Wir Wildschweine wühlen auch im Winter trotz kalter Schnauze!

Schau im Wald nach solchen Wildschweinspuren!

In **Wildparks** kannst du mit etwas Glück Wildschweine beobachten. Vielleicht auch, wenn sie nach Nahrung suchen. Dann **wühlen** sie mit ihrer Schnauze im Boden nach Pflanzen oder kleinen Tieren. Nähere dich ihnen aber lieber nicht und nimm keine raschelnden Plastiktüten mit! Die Wildschweine könnten sie für Futter halten und dich verfolgen.

Tierquiz

Für das **Wildschwein** merken wir uns das Wort: **wühlen**

Die Waldohreule

STRENG GESCHÜTZT

Die Eulen fliegen völlig geräuschlos und werden so zu lautlosen Jägern. Ihre Beutetiere am Boden (vor allem Mäuse) hören sie nicht.

Waldohreulen können ihren Kopf fast einmal im Kreis drehen. So hören sie alle Geräusche auch von hinten.

Wie kommt diese Eule zu ihrem Namen?
Sie ist eine Eule, sie lebt im Wald, und sie hat Federn am Kopf, die aussehen wie Ohren. Damit hört die Eule aber nicht, sondern mit »Hörschlitzen« an der Seite des Kopfes.
Das Gesicht wirkt wie eine Art Schalltrichter und verstärkt so die Hörleistung.

Gewölle

Ästling

Mit ihren messerscharfen **Krallen** packt die Waldohreule ihre Beute und tötet sie mit festem Griff. Sie verschlingt die Tiere mit Haut und Haaren und spuckt die unverdaulichen Reste nach ein paar Stunden wieder aus.
Das »Gewölle« kannst du am Waldboden finden und darin Knochen der Beutetiere entdecken – sieht ein bisschen eklig aus.

Waldohreulen brüten vor allem in lichten Wäldern mit großen Freiflächen oder in Parks. Ihre vier bis fünf Eier legt das Weibchen in alte Baumhöhlen oder verlassene Krähennester. Am liebsten wählt es dabei große und alte Kiefern. Die jungen Eulen verlassen früh das Nest und sitzen noch viele Tage zusammen auf großen Ästen, ehe sie fliegen können. Daher nennt man diese jungen Eulen »Ästlinge«. Mäuse, Ratten, Eidechsen, Frösche und Fledermäuse sind ihre Lieblingsspeisen.

Tierquiz

Für die **Waldohreule** merken wir uns das Wort:

lautlos

BESONDERS GESCHÜTZT

Die Rote Waldameise ...

... liebt Teamwork!

Haben die Waldameisen ihre Beute mit den scharfen Schneidewerkzeugen gepackt, gibt es kein Entkommen mehr.

Eine einzige kleine Waldameise kann das 40-Fache ihres Körpergewichts tragen. Wäre ein Mensch so stark, müsste er ungefähr zwei Autos in die Höhe stemmen können.

Die Waldameisen sammeln Raupen, Käfer und auch tote Tiere ein, um sie in ihr großes Nest zu transportieren. Zum Bau des Ameisenhaufens, eines riesigen **Hügels**, tragen sie fleißig Laub und Fichtennadeln herbei.

»Au, das brennt!«

Sicherlich hast du schon einmal gespürt, wie Ameisensäure auf der Haut juckt ... Bei Gefahr verspritzen die Wächterinnen nämlich mit ihrem Hinterleib die scharfe Ameisensäure, um Feinde wie den Dachs oder Grünspechte zu vertreiben. Achte beim nächsten Waldspaziergang auf die großen Nestbauten, die oft an sonnigen Waldrändern liegen. Das verzweigte System aus Gängen und Kammern setzt sich auch unterirdisch fort. Alles ist so angelegt, dass kein Regenwasser eindringen kann. Ein perfekter Ort für den Nachwuchs!

Mit ihren Fühlern trommeln sie auf den Hinterleib von Läusen, um an einen Tropfen Honigtau zu gelangen.

Leibspeise Honigtau

Ameisenhaufen sind häufig sehr groß und bestehen oft hauptsächlich aus Fichtennadeln.

Bitte mach Ameisenhaufen nicht kaputt! Stell dir vor, ein Riese würde auf euer Haus steigen ...

Tierquiz

Für die **Rote Waldameise** merken wir uns das Wort:

Hügel

Der Eichelhäher

Krrrkkkkkrkk!!!

Dieser schöne Vogel gehört zur Familie der Rabenvögel und darf außerhalb der Schonzeit (von Mitte März bis Mitte Juli) bejagt werden.

NICHT GESCHÜTZT

Er lebt in lichten Wäldern, Parks oder in naturnahen Gärten. Männchen und Weibchen sehen gleich aus, beide haben als besonderes Erkennungszeichen die blau gestreiften Federn an den Flügeln. Er ernährt sich von Mäusen, Raupen, Würmern, Insekten und Vogeleiern. Auch Jungvögel holt er aus den Nestern. Als Wintervorrat versteckt der Eichelhäher zahlreiche Nüsse und Eicheln unter dem Herbstlaub.

Logisch!

Der Eichelhäher liebt Eicheln, daher kommt ja auch sein Name. Er kann bis zu fünf Eicheln in seinen Kehlsack stopfen, um sie zu transportieren und später in Ruhe zu fressen. Außer Eicheln frisst er auch gerne Nüsse, dazu knackt er sogar ihre harte Schale. Weißt du, was das für Nüsse auf diesen Bildern sind?

(Die Auflösung findest du auf Seite 43.)

Der Polizist des Waldes

Der Eichelhäher ist tagaktiv und nützt seine scharfen Augen, um seine Umgebung stets genau zu beobachten. Bei Gefahr ertönt sein lauter Warnruf »Krrrkrrrk«, der weit zu hören ist. Wegen dieses Verhaltens bezeichnet man ihn als »Polizist des Waldes«.
Daneben ahmt er auch die Stimmen anderer Tiere täuschend ähnlich nach.

Um seinen Rivalen zu imponieren, stellt er die Kopffedern zu einem Kamm auf.

16 Bruttage dauert es, bis die jungen Eichelhäher schlüpfen. Weitere 20 Tage werden sie von beiden Eltern gefüttert, ehe sie das Nest verlassen.

Bei ihren häufigen Revierkämpfen in der Luft verlieren die Eichelhähermännchen oft eine ihrer blau gestreiften Flügelfedern. Vielleicht findest du beim nächsten Spaziergang so eine schöne Feder auf dem Waldboden, die aber auch von einem Weibchen stammen kann.

Tierquiz

Für den **Eichelhäher** merken wir uns das Wort: **blau**

Das Eichhörnchen

Eichhörnchen gehören zu den Nagetieren und sind tagaktiv. In der Nacht schlafen sie in einem selbst gebauten Nest, dem Kobel. Sie halten keinen Winterschlaf, sondern eine Winterruhe. Auf den Bäumen wird ihnen nur der Baummarder gefährlich, am Boden droht Gefahr aus der Luft durch Habicht oder Steinadler. Ganz unvorsichtige Eichhörnchen erwischt auch der Fuchs. Feinde bemerken sie aber meist schon von Weitem, weil sie sehr gut hören können.

Hasel- und auch **Walnüsse** sind neben verschiedenen Samen die Lieblingsspeise der Eichhörnchen im Herbst. Sie verstecken die Nüsse auch als Wintervorrat. Aber die putzigen Kletterer sind auch kleine Räuber. Sie plündern Vogelnester, fressen die Eier und die Jungvögel.

Um ihre empfindlichen Hörorgane im Winter vor Kälte zu schützen, haben Europäische Eichhörnchen lange Ohrpinsel. Ihr Fell hat unterschiedliche Farben: von braun über rotbraun, aber auch grau bis schwarz. Der Bauch ist meist hell, oft sogar weiß.

Echte Akrobaten

Die Eichhörnchen sind wahre Sprungkünstler. Mit ihren großen Augen können sie Entfernungen sehr genau abschätzen und stürzen so gut wie nie ab. Sie schaffen es sogar, 4 bis 5 m weit von Baum zu Baum zu springen. In der Luft funktioniert ihr buschiger Schwanz, der so lang ist wie ihr gesamter Körper, wie ein Steuerruder. So können sie im Sprung sogar die Richtung ändern. Das ist superpraktisch und rettet sie, wenn der Baummarder sie verfolgt.

Die Samen der Fichte sind bei Eichhörnchen heiß begehrt. Am Waldboden findest du bestimmt solche abgenagten Fichtenzapfen.

Die großen Kulleraugen ermöglichen einen tollen Rundumblick.

Der Dachs …

NICHT GESCHÜTZT

… hat Regenwürmer zum Fressen gern! Sie sind seine absolute Leibspeise!

Mit seiner feinen Nase findet er die Regenwürmer auch unter der Erde. Lecker!

An Südhängen legen die Dachse weit verzweigte Baue an. Die einzelnen Kammern halten sie stets sauber, ihr »Geschäft« erledigen sie immer außerhalb. Sie leben in großen Familien für mehrere Jahre in einem Bau.

Dachse sind Allesfresser, neben Kleintieren fressen sie auch Feldfrüchte und Beeren.

Dachsspuren

im Sand und im Schnee! Die Krallen der Vorderpfoten sind doppelt so lang wie die der Hinterbeine.

Auffällig sind die beiden schwarzen Fellstreifen von der Schnauze über die Augen hin zu den Ohren.
Die langen Krallen an den Vorderbeinen nutzen sie zum Graben.

Vielleicht findest du diese Spuren bei einem Spaziergang in der Natur!

Dachse halten keinen Winterschlaf, sondern nur eine Winterruhe. Eine zentimeterdicke Fettschicht unter ihrer Schwarte, die sie sich im Herbst angefressen haben, schützt sie sehr gut gegen die Kälte. Auch heute noch nutzt man das Dachsfett für medizinische Zwecke in Form von Hautsalben.

Manchmal sind einheimische Wildtiere wie der Dachs auch in Städten anzutreffen. Allesfresser Grimbart, wie der Dachs in vielen Märchen genannt wird, kann mittlerweile auch in Parks und Gärten gut leben. Hier hat er keine natürlichen Feinde, viele Dachse werden aber leider überfahren.

Früher wurden die meisten Malpinsel aus Dachshaaren gemacht, heute aber nur noch selten.

Auch Rasierpinsel können aus Dachshaar gefertigt sein – aber es gibt tierfreundlichere Alternativen.

Tierquiz

Für den **Dachs** merken wir uns das Wort: **graben**

Der Fuchs

NICHT GESCHÜTZT

Bei der Fuchsspur kannst du das »Schnüren« gut erkennen. Vielleicht findest du so eine Spur auch selber im Winter ...

Du kennst sicher das bekannte Kinderlied »Fuchs, du hast die Gans gestohlen ...«. Aber Gänse sind nur ein Teil des Speiseplans eines Fuchses. Seine Hauptnahrung besteht aus Mäusen, die er mit seinem Beutesprung fängt. Ihr feines Piepen hört er aus großer Entfernung. In seinem langen Maul kann er mehrere Mäuse zu seinem Bau bringen. Ebenso frisst er Würmer, Frösche, Insekten, Vogeleier, Junghasen und auch Rehkitze - in unverschlossenen Ställen erbeutet der Fuchs oft mehrere Hühner auf einmal.

Die Spuren des Fuchses kannst du im Schnee besonders gut erkennen. Sie sehen aus wie eine Perlenschnur. Warum?

Die Antwort hängt mit der Gangart des Fuchses zusammen, dem Trabgang. Man nennt es auch »Schnüren«. Dabei setzt der Fuchs die Hinterläufe in die Abdrücke der Vorderläufe. Je schneller er läuft, desto genauer ist der Schnürgang und es sieht dann wirklich aus wie eine Perlenkette.

Fuchswelpen …

… sind sehr neugierig! Raus aus dem Bau und schauen, was los ist!

… schlafen viel! Erst mal ein herzhaftes Gähnen, danach geht's weiter!

… fressen viel, denn das Ziel heißt: groß werden!

Hasen, Mäuse, Enten, …

… alles kommt auf den »Tisch«!

Aber zuerst muss geklärt werden, wer der »Erst-Chef« ist!

Junge Füchse …

… müssen sich ihr eigenes Revier suchen.

… müssen jagen lernen wie ihre Eltern. Hier der typische Beutesprung!

Halte die Augen offen: Vielleicht siehst du im Wald einen verlassenen Fuchsbau. Bei Gefahr nimmt die Fähe (Fuchsmutter) ihre bis zu zehn Jungen und zieht mit ihnen in einen anderen Bau um.

Sein dichter Pelz schützt den Fuchs auch bei extremer Kälte.

Tierquiz

Für den **Fuchs** merken wir uns das Wort: **Pelz**

Die Erdkröte

BESONDERS GESCHÜTZT

Kröten wandern

Im zeitigen Frühjahr, meist nach der Schneeschmelze, ist es so weit: Zum Laichen müssen die Erdkröten jedes Jahr die Gewässer aufsuchen, in denen sie selber geboren wurden. Dabei überqueren sie auch stark befahrene Straßen, wo sie oft überfahren werden. Hilfsbereite Menschen stellen am Straßenrand mobile Zäune auf und versenken Kübel, in die die Kröten fallen. Dort werden sie am Morgen herausgeholt und sicher über die Straße getragen. Nach dem Ablaichen folgt derselbe Ablauf auf der anderen Straßenseite.

Wenn du beim Einsammeln der **Kröten helfen** willst, melde dich beim Ortsverband des Bund Naturschutz in deiner Nähe.

Schwimmt eine Erdkröte, ragen nur die Augen und die Nase aus dem Wasser.

Ihre Haut ist trocken und mit vielen Warzen übersät. Bei Gefahr sondern sie eine giftige Flüssigkeit ab, die Fressfeinde abwehrt. Fass sie also nicht ohne Handschuhe an!

Besondere Pupillen

Im Gegensatz zu Schlangen haben Erdkröten waagerechte Pupillen.

Ist das Kröten- oder Froschlaich?

Kennst du einen Zauberspruch, in dem Kröten vorkommen? Zum Beispiel: »Schlangenei und Krötendreck, was hier war, das ist jetzt weg!« Praktisch beim Zimmeraufräumen, wenn er funktioniert …

Vielleicht findest du in einem Teich solche Eier …

Tierquiz

Für die **Erdkröte** merken wir uns das Wort: **wandern**

Weißt du, wie Krötenlaich aussieht? Auf diesen zwei Fotos siehst du Krötenweibchen und -männchen bei der Paarung. Im Wasser unter ihnen befinden sich einmal »echte« Kröteneier und einmal zufälligerweise Froscheier. Erkennst du den Unterschied?

(Die Auflösung findest du auf Seite 43.)

Die Waldmaus …

GESCHÜTZT

Frisch geborene Mäusejunge wiegen nur 1,5 bis 2 g. Das entspricht einem Gummibärchen.

… hat eine große Familie!

Weibliche Waldmäuse können dreimal im Jahr Junge bekommen, meistens besteht ein Wurf aus fünf bis sechs Jungtieren. Nachkommen aus dem Frühjahr haben dann im Sommer und Herbst selbst schon wieder Nachwuchs. So könnte eine Familie in einem Jahr auf bis zu fünfzig Mitglieder anwachsen. So viel Nachwuchs ist nötig, da die Waldmäuse viele Fressfeinde haben – vor allem der Fuchs und die nachtaktiven Raubvögel wie Schleiereule und Kauz jagen sie.

Waldmäuse überleben auch dort, wo es sehr kalt werden kann, z. B. in etwa 2000 m Höhe in den Alpen.

Das **Futter** der Waldmäuse besteht hauptsächlich aus Samen und Früchten wie Eicheln, Bucheckern und Haselnüssen. Aber auch Knospen und Beeren schmecken ihnen. Bei den Allesfressern stehen ebenfalls viele verschiedene Insekten und Käfer auf dem Speiseplan. Im Winter nagen sie oft an Wurzeln.

1981 In diesem Jahr wurde bei Waldmäusen als erste Säugetierart ein Magnetsinn nachgewiesen. Mit ihm können die Waldmäuse, genauso wie alle Zugvögel oder die Fledermäuse, vor allem in der Dunkelheit durch einen inneren Kompass bestimmte Orte wiederfinden.

Waldmäuse reagieren sehr **schnell** auf eine veränderte Umwelt: Gibt es in einem Jahr durch gutes Wetter sehr viel zu fressen, so bekommen sie auch sehr viel Nachwuchs. Ist das Fraßangebot nur knapp bemessen, ist die Anzahl der Jungen recht niedrig.

Vielleicht findest du im Wald oder im Park solche angenagten Haselnüsse ... wenn du sie genau anschaust, siehst du sogar noch die Spuren der Zähne.

Tierquiz

Für die **Waldmaus** merken wir uns das Wort:

nagen

Der Buntspecht

GESCHÜTZT

Fleißig, fleißig!

Beim Hämmern hält sich der Specht mit seinen scharfen Krallen und seinem Stützschwanz am Stamm fest. Jedes Jahr baut er mehrere Nisthöhlen, das Spechtweibchen sucht sich die schönste Höhle zum Brüten aus. Täglich sucht er unter der Rinde von meist abgestorbenen Bäumen nach leckeren Insekten, die er mit seiner langen, klebrigen Zunge fängt. Eine spezielle Federung zwischen Schnabel und Schädel verhindert, dass der Specht beim schnellen Hämmern Kopfschmerzen bekommt. Mit dem lauten Klopfen grenzen die Spechte ihr Revier ab oder locken Weibchen an.

Hier fliegt ein Specht mit Insekten im Schnabel seine Bruthöhle an, um sein Junges zu füttern, das schon auf Nahrung der Eltern wartet.

Tock!

Tock!

Wenn ein Specht seine Bruthöhle baut, dann fliegen die Holzstückchen nur so herum – wie bei einem Zimmermann.

Nicht alle Tiere - wie hier unser Pepe - nutzen die verlassenen Nisthöhlen der Spechte für ihren Winterschlaf. Kauze, Ringeltauben oder Stare ziehen ihre Jungen darin auf.

Was ist denn eine

Spechtschmiede?

Der Buntspecht hat eine besondere Art, Nüsse zu knacken. Während andere Vögel sie mit den Krallen festhalten, klemmt er sie in eine Spalte oder ein Loch im Baum ein. Dort kann die Nuss beim Aufhämmern nicht verrutschen.

Tierquiz

Für den **Buntspecht** merken wir uns das Wort:

Zimmermann

Vielleicht findest du im Wald eine Flügelfeder vom Specht wie diese hier oder entdeckst eine verlassene Bruthöhle.

BESONDERS GESCHÜTZT

Die Ringelnatter ...

Manchmal ist die Ringelnatter im Wasser schwer zu erkennen.

... ist eine

Meisterin im Schwimmen,

und das ohne Flossen, Arme und Beine! Mit schlängelnden Bewegungen gleitet sie über das Wasser wie Wüstenschlangen über den heißen Sand. Ringelnattern leben an kleinen Gewässern oder in Moorgebieten. Sie ernähren sich von Fröschen, Molchen oder Kröten, die sie mit ihrer Nase aufspüren, an den Hinterbeinen packen und nach und nach verschlingen.

Wärme ist wichtig!

Die Ringelnatter ist für den Menschen vollkommen ungefährlich!

Ringelnattern sind wie alle Schlangen auf Wärme angewiesen. Nach einer kühlen Nacht sind sie noch ganz starr, erst die Sonnenstrahlen erwärmen ihr Blut und sie können sich wieder schnell bewegen.
Die kalte Jahreszeit verbringen sie demnach in einer Winterstarre, z. B. in Wurzelbereichen von Bäumen, Erdlöchern, Felsspalten, Hohlräumen unter Steinen oder totem Holz, sogar in Misthaufen ...
Ihre Eier legen sie im Sommer in geschützten Erd- oder Laubverstecken ab und lassen sie von der Sonne ausbrüten. Die kleinen Ringelnattern sind von Anfang an auf sich allein gestellt.

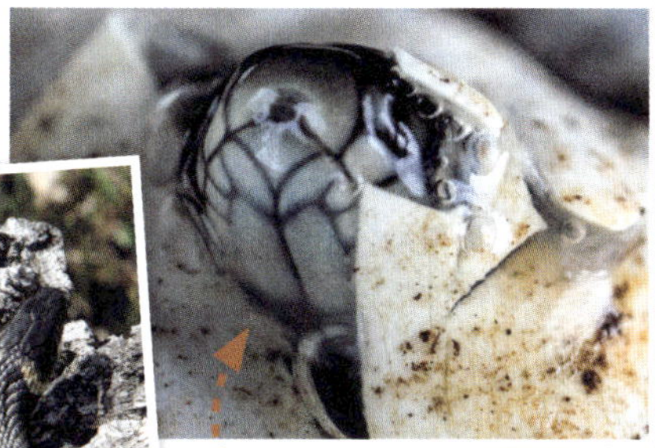

Eine Ringelnatter schlüpft aus dem Ei.

Achte auf die gelben Flecken links und rechts am Hinterkopf!

Bei den Ringelnattern ist das ausgewachsene Weibchen deutlich länger als das Männchen. Es kann zwischen 100 und 150 cm lang werden; das Männchen erreicht meist nur ca. 75 cm.

Runde Pupillen

4 bis 6 Reihen kleiner schwarzer Flecken

Tierquiz

Für die **Ringelnatter** merken wir uns das Wort:

gelb

Die Fledermaus

GESCHÜTZT

Wusstest du, dass Fledermausherzen **ca. 800-mal** pro Minute schlagen und es in Deutschland 25 verschiedene Fledermausarten gibt?

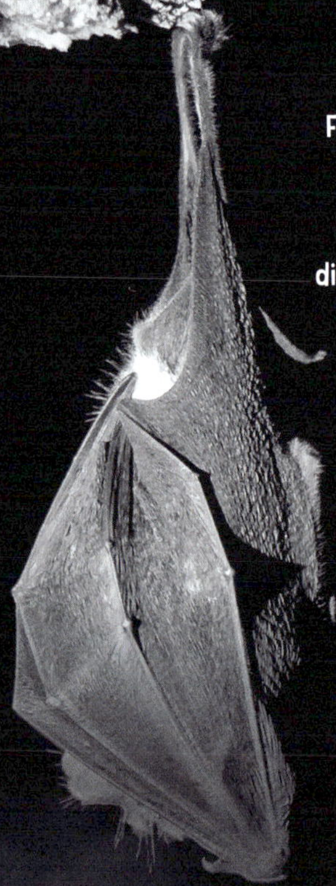

Den Tag verbringen Fledermäuse in Höhlen oder auf Dachböden alter Häuser. Für den Winterschlaf müssen diese Orte frostfrei sein.

Fledermäuse können im Flug trinken: In der Dunkelheit fliegen sie knapp über der Wasseroberfläche und nehmen ein paar Tropfen auf.

Gar nicht gruselig!

Viele Menschen haben Angst vo Fledermäusen. Dabei ernähren sie sich fast nur von Nachtinsekten. Menschenblu steht nicht au ihrem Speiseplan. Kinder finden den bekannten Superhelden Batman im Fledermauskostüm überhaupt nich gruselig

Das Bild zeigt eine Fledermaus aus Stein in einer Londoner Kirche. Dort haben wohl schon vor langer Zeit Fledermäuse gelebt.

Mit den Ohren sehen!

Beim nächtlichen Beutefang stoßen die Fledermäuse laufend Ultraschalllaute aus, die ein Mensch nicht hören kann. Die entstandenen Schallwellen prallen von Gegenständen und Beutetieren zurück und verraten so ihre Position. Daher weiß die Fledermaus immer, wo sie sich selber befindet oder wo ihr jeweiliges Beutetier ist. Diese Fähigkeit nennen die Experten Echoortung. Fledermäuse sind die einzigen Säugetiere, die fliegen können. Genau wie die Waldmaus haben sie einen Magnetsinn. Sie können das Magnetfeld der Erde wahrnehmen und sich daran orientieren.

Die Fledermausarten haben oft lustige Namen: Langohr, Hufeisennase, Schweinsnasenfledermaus, Bulldogfledermaus oder Großes Mausohr. Was meinst du, warum sie wohl so heißen?

Während die Menschen ein sogenanntes Echolot verwenden, um Ultraschallwellen hörbar zu machen, reichen den Fledermäusen ihre großen Ohren.

Tierquiz

Für die **Fledermaus** merken wir uns das Wort: **Ultraschall**

Der Biber

STRENG GESCHÜTZT

Da Biber in Deutschland streng geschützt sind, gibt es sie wieder an vielen Gewässern. Hier siehst du einen vom Biber angenagten Baum.

Super-harte Hauer

Die Nagezähne sind sehr hart und wachsen immer nach. Ein eisenhaltiger Zahnschmelz färbt sie orange ein.

Seine Lieblingsspeise ist die Weide. Sie hat eine weiche Rinde und wächst meist an Gewässern.

Biberschwanz

Der große, schuppige Schwanz des Bibers hat die Form eines Paddels und hilft ihm beim Schwimmen.
Wusstest du, dass runde Dachziegel »Biberschwanz-Ziegel« heißen? Sie haben nämlich die gleiche Form wie ein Biberschwanz.

Biber bauen Burgen!

Biber sind die geborenen Baumeister. Kleine Fließgewässer stauen sie an, indem sie mit Steinen, Schlamm, Ästen und kleinen Stämmen einen Damm bauen. Am Ufer entsteht die Biberburg, wo die Paare ihre Jungen großziehen. Wichtig ist, dass sich das Innere der Biberwohnung immer über der Wasseroberfläche und der Eingang stets unterhalb der Wasseroberfläche befindet. Biber halten keinen Winterschlaf, ihr sehr dichtes Fell schützt sie gut gegen die Kälte. Schwimmhäute an den Hinterbeinen und der platte Ruderschwanz, die sogenannte Kelle, machen sie zu sehr guten Schwimmern. Biber sind reine Vegetarier, neben Knospen und Blättern leben sie im Winter vor allem von Rindenvorräten um ihren Bau herum.

Hier siehst du einen richtig großen Biberdamm. Der Wasserspiegel steigt an und es entsteht ein neues, meist breiteres Gewässer.
Das führt mitunter auch zu Konflikten mit der Land- und Forstwirtschaft.

Tierquiz

Für den **Biber** merken wir uns das Wort: **Damm**

NICHT GESCHÜTZT

Der Borkenkäfer ...

Gesucht! Wissenschaftlicher Name: Scolytinae
Familie: Rüsselkäfer. Klasse: Insekten. Ordnung: Käfer.
»Beruf«: Baum-Killer, lebt besonders gerne in Fichten.

... kennt keine Gnade!

Mit seinem Rüssel bohrt sich der Borkenkäfer durch die Baumrinde. Dabei wählt er vor allem die Fichte aus, die oft die einzige Baumart in unseren Wäldern ist. Diese Fichtenwälder sind durch Hitze und Wassermangel (als Folge des Klimawandels) geschwächt und können sich gegen den Borkenkäfer nicht mehr wehren. Die Larven zerfressen die Schicht zwischen Rinde und Stamm, die der Baum zum Leben braucht. Warmes Sommerwetter begünstigt die Fortpflanzung des Insekts, ganze Waldgebiete fallen ihm zum Opfer. So entstehen durch den Borkenkäfer aber auch neue Lebensräume mit zum Teil seltenen Tier- und Pflanzenarten.

Viele Spechtarten fressen die sehr nahrhaften Larven der Borkenkäfer oder verfüttern sie an ihre Jungen.

In großen Sägewerken werden Baumstämme entrindet gelagert, damit der Borkenkäfer keine Möglichkeit hat, die Baumstämme zu befallen.

Diese Fichte ist leider nicht mehr zu retten. Noch ist ihre Krone schön grün, aber der Borkenkäfer hat sich schon auf ihr ausgebreitet. Sie muss gefällt werden, um zu verhindern, dass er weitere Bäume befällt.

Borkenkäfer im Einsatz! Die braunen Fichten sind bereits tot und viele andere auch schon befallen. Die in Deutschland am meisten verbreiteten Borkenkäfer heißen »Buchdrucker« und »Kupferstecher«.

Wenn der Borkenkäfer einen Baum befällt, findet man unter seiner Rinde die **Fraßgänge** der Larven. Die Gänge sehen, je nach Borkenkäferart, verschieden aus.

Tierquiz

Für den **Borkenkäfer** merken wir uns das Wort: **bohren**

Der Siebenschläfer

GESCHÜTZT

Oktober
November
Dezember
Januar
Februar
März
April

... und manchmal noch länger!

Warum ich Siebenschläfer heiße

Für den langen Winterschlaf suche ich mir eine verlassene Baumhöhle oder Vogelnistkästen, die ich mit Laub und Gras auspolstere. Gelegentlich überwintere ich auch in Gartenhäuschen oder in Dachböden von Feldscheunen. Ich schlafe mindestens sieben Monate im Jahr Tag und Nacht tief und fest.

Zur Kugel eingerollt und von seinem buschigen Schwanz gewärmt, überwintert der Siebenschläfer.

Schwarze Knopfaugen

In der Dämmerung verlässt sich der Siebenschläfer vor allem auf seine großen, schwarzen Knopfaugen. Die dunklen Pupillen und die Ringe um die Augen lassen sie noch größer erscheinen.

Extralange Tasthaare

Wie bei allen nachtaktiven Tieren sind auch bei den Siebenschläfern das Gehör und der Geruchssinn sehr gut ausgeprägt. Seine langen Tasthaare an der spitzen Schnauze helfen ihm, in der Dunkelheit nirgends anzustoßen.

Zum Fressen gern …

… hat der Siebenschläfer Samen, Nüsse, Eicheln, Früchte, Beeren, Blätter und Knospen. Während der Jungenaufzucht in den wenigen Sommermonaten stehen auch Insekten auf dem Speiseplan, ehe die Siebenschläfer im Herbst wohlgenährt mit einer Speckschicht in den langen Winterschlaf gehen. Dafür suchen sie sich gerne leere Spechthöhlen wie diese hier.

Schau im Wald nach verlassenen Spechthöhlen … aber pssst: Weck den Siebenschläfer nicht auf!

Tierquiz

Für den **Siebenschläfer** merken wir uns:

Gute Nacht

Das große Tierquiz

Ihr seid nun schon richtige Experten und Expertinnen für heimische Waldtiere. Daher könnt ihr jetzt das Tierquiz lösen! Verbindet jeweils den Tiernamen auf der linken Seite mit dem richtigen dazugehörigen Begriff auf der rechten Seite. Tragt den Buchstaben neben dem Begriff in das nummerierte Kästchen ein und findet so das Motto für euer nächstes Tierabenteuer heraus! Auf geht's!

Wenn ihr euch unsicher seid, schaut einfach auf der entsprechenden Tierseite nach!

»Mir fällt die Lösung einfach nicht ein und die große Hufeisennase da oben pennt …«

1. Reh
2. Wildschwein
3. Waldohreule
4. Waldameise
5. Eichelhäher
6. Eichhörnchen
7. Dachs
8. Fuchs
9. Erdkröte
10. Waldmaus
11. Buntspecht
12. Ringelnatter
13. Fledermaus
14. Biber
15. Borkenkäfer
16. Siebenschläfer

nagen = I

Hügel = T

Ultraschall = I

lautlos = H

Gute Nacht = E

Wiese = A

bohren = R

blau = E

gelb = T

graben = U

Damm = E

wühlen = C

verstecken = A

Zimmermann = E

wandern = D

Pelz = F

Die Lösung heißt:

1 A	2	3	4	5
6	7	8		
9	10	11		
12	13	14	15	16

Auflösung der Frage von Seite 27

Hast du erraten, ...

... dass diese schwarzen Eierschnüre der echte Krötenlaich sind?

Auflösung der Frage von Seite 18: Haselnuss, Eichel, Walnuss

Roland Bock

Der Autor

ist Grundschulrektor und Dozent an der Universität Augsburg. Er gibt sein Wissen im Bereich der Umwelterziehung gerne seinen aktuellen Schulkindern weiter, aber auch in Seminaren der Lehrerfortbildung. Der erfahrene Jäger jagt in seinem eigenen Revier. Er ist verheiratet, hat zwei erwachsene Söhne, drei Enkelinnen und die Dackelhündin Diva. Seit seiner Kindheit lebt er in Schwabmünchen im Herzen Bayerisch-Schwabens nahe dem Naturpark Augsburg-Westliche Wälder.

Der Illustrator

Johannes Reiner

ist selbstständiger Grafiker und Illustrator. Als Dozent für Zeichnen unterrichtet er an der Akademie für Gestaltung und Design in München. Er lebt mit seiner Familie und Kater Bazi im bayerischen Voralpenland.

Friedrichstraße 9 · D-80801 München

Layout und Gestaltung:
Büro Vor-Zeichen · Habach
Marion Reiner · www.vor-zeichen.de
ISBN 978-3-8458-5565-3

Bildnachweis:
Illustrationen von Johannes Reiner
Fotos von Fred Britzger (Umschlag Vorder- und Rückseite: Specht, Eichelhäher, S. 10, 11, 14, 16, 18, 19, 20, 21, 22, 25, 26, 27, 30, 31, 32, 33, 36, 37, 43, Tierkarten: Buntspecht, Eichelhäher, Fuchs, Reh, Ringelnatter, Waldohreule), Monika und Roland Bock (S. 9, 11, 44), Marion Reiner (S. 44)

Weitere Fotos:
© stock.adobe.com: AGAMI, Alexander Potapov, Alvaro, Andrey VP, Antrey, Art_man, Azahara MarcosDeLeon, bennytrapp, Bernd Schmidt, Bernd Wolte, Carl, Chamois huntress, chones, creativenature.nl, Creaturart, cynoclub, Daniela Fricke, DesignSoul, Djordje, DOC RABE Media, Egon, Ekaterina, Ekaterina Myshenko, elinque, Eric Isselée, fotoparus, Fotovideonaturaalpi, gallinago_media, geoffkuchera, goldi59, grafxart, Grecaud Paul, Guntar Feldmann, hannurama, Helga, henk bogaard, hkuchera, HPE, I.H, Inga Nielsen, Ingo Bartussek, JAH, jambulart, Julia Hermann, Jan Rozehnal, Jaroslav, Jürgen Kottmann, Karin Jähne, knautschbaer, Komwanix, Kreiner Roland/Wirestock, krsprs, Laribat, Lefteris Papaulakis, LeonardoMartin, Marc, Marek R. Swadzba, mgkuijpers, Michel VIARD, Mirek Kijewski, mimadeo, Mushy, Natureimmortal, Nikolay N. Antonov, nobuhiko Ohenze, oksix, Oliver Kloth, Pagina, Paul Wolf Photogrphy, Perytskyy, philip kinsey, PIXATERRA, prochym, Rafael, remus20, Robin, Roman Sigaev, Ronnie Howard, roundex, shootingtheworld, Simon Vasut, skumer, Stephen, Swetlana Wall, szczepank, Tatiana, thomasp24, Thorsten Spoerlein, Tobias Arhelger, Tom, Vaclav, valdisskudre, VOJTa Herout, WildMedia, Wiltrud, witsawat, YK, YURII, ll911; www.istockphoto.com: arcady_31, asianpeak, Bebedi, ca2hill, Cloudtail_the_Snow_Leopard, DieterMeyrl, fotoparus, Henk Bogaard, In Stock, knautschbaer, Mercedes Rancaño Otero, Michael_Conrad, Neil_Burton, STUEDAL, Valeria Vechterova, vasabii, Yakubovich Dmitry; www.shutterstock.com: Miroslav Hlavko

Du möchtest noch mehr von uns kennenlernen?

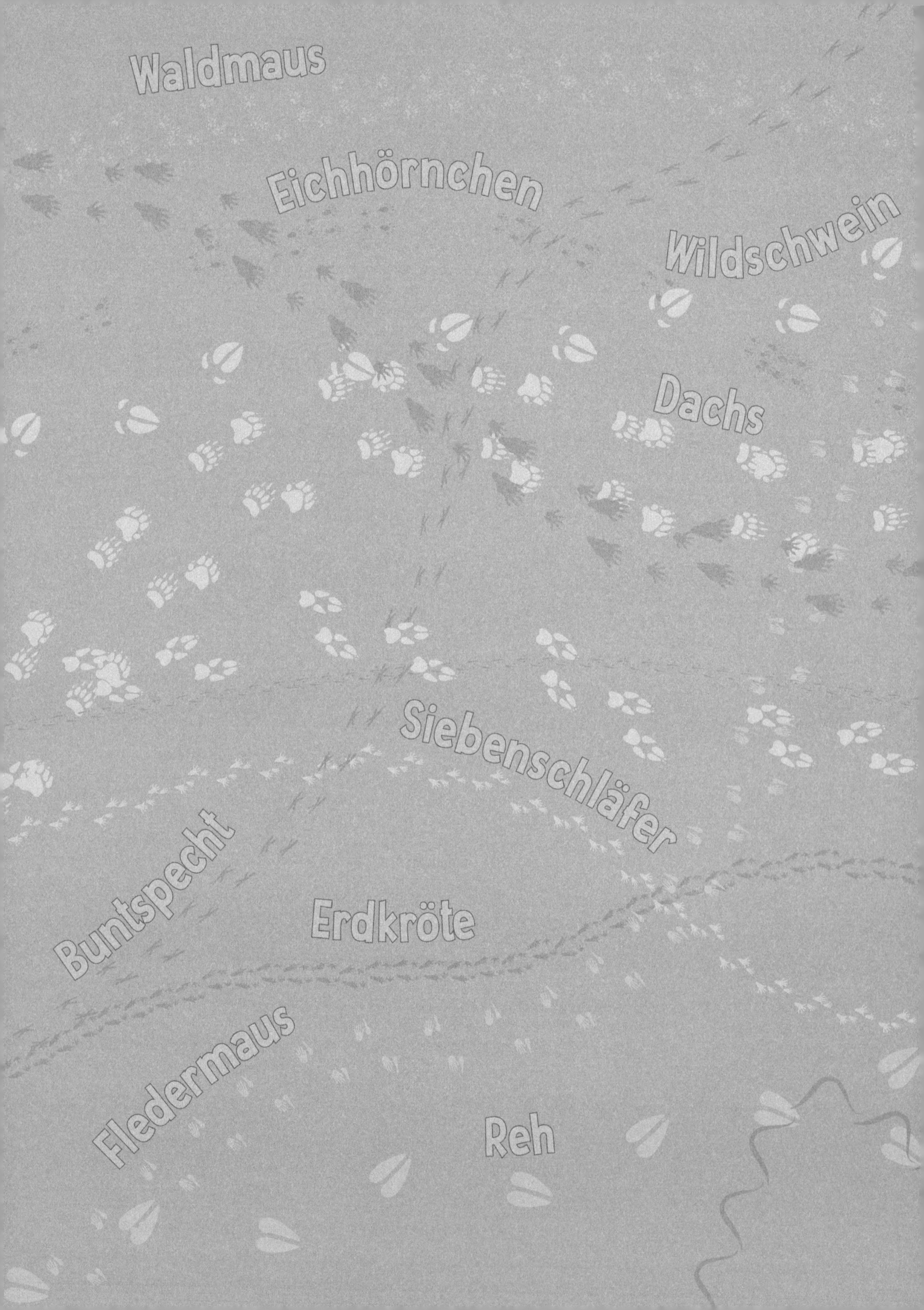
Waldmaus
Eichhörnchen
Wildschwein
Dachs
Siebenschläfer
Buntspecht
Erdkröte
Fledermaus
Reh